Dieses Buch gehört:

....

Tier-
geschichten

Mit Illustrationen von Kiki Ketcham-Neumann

gondolino

Reihenlogo: Klaus Kögler
Umschlagillustration: Silke Voigt

ISBN 3-8112-2594-4

005

Der Umwelt zuliebe gedruckt auf chlorfrei gebleichtem Papier.

5 4 3 2 1

www.gondolino.de

Inhalt

Rettung für Spiky

Marina lief in den Garten, um für ihre Mutter Salatkräuter zu holen. Als sie sich bückte, um einen Strauß Petersilie zu pflücken, sah sie aus den Augenwinkeln, dass sich dort etwas bewegte. Erschrocken schaute sie sich um und sah unter dem Himbeerstrauch einen langen grünen Schwanz heraushängen.

Was war denn das? Erschrocken hielt sie die Luft an.

Jetzt schlängelte sich der Schwanz, und ein grünes Tier kam zum Vorschein, das sie noch nie zuvor gesehen hatte. Es hatte kurze, krumme Beine und einen Stachelkamm auf dem Rücken. Aus seinem Maul schnellte eine lange rote Zunge.

„Aaah!“ Wie von einer Tarantel gestochen sprang Marina auf und rannte so schnell sie konnte zurück ins Haus.

„Maaama! Im Garten ist ein Drache, der mich fressen will“, kreischte sie aufgeregt.

„Was redest du denn da für einen Unsinn?“ Ihre Mutter sah sie fragend an.

„Aber es stimmt doch!“, beharrte Marina beleidigt.

„Das will ich sehen.“ Seufzend folgte ihr die Mutter in den Garten. „Das gibt’s doch nicht“, hauchte sie verblüfft. Im Salatbeet saß tatsächlich ein Tier, das wie ein Drache aussah.

„Siehst du wohl“, triumphierte Marina und versteckte sich ängstlich hinter dem Rücken ihrer Mutter.

„Ja, aber das ist kein Drache, sondern eine Echse, genau wie der Salamander in deinem Tierbuch."

„Aber Salamander sind doch viel kleiner. Nein, das ist ganz bestimmt ein Drache", sagte Marina.

„Ach Quatsch, die gibt es doch nur im Märchen. Außerdem sind sie viel größer und haben Flügel", meinte ihre Mutter.

„Aber ich habe trotzdem Angst. Vielleicht beißt die Echse. Bitte, tu doch was. Ich will, dass sie verschwindet", verlangte Marina weinerlich.

Ihre Mutter zögerte.

„Hast du etwa auch Angst?" Beunruhigt sah Marina zu ihr auf.

„Nein, nein", behauptete ihre Mutter, „aber ich habe nicht die geringste Ahnung, wie so ein Tier reagiert, wenn man ihm zu nahe kommt und es sich bedroht fühlt."

„Und jetzt? Was machen wir jetzt?", jammerte Marina.

„Am besten ich rufe ihm Tierheim an und bitte jemanden, die Echse einzufangen und mitzunehmen“, sagte ihre Mutter.

Kaum war sie im Haus verschwunden, kam Sunny, ihr Foxterrier, in den Garten geschossen. Mit wütendem Gebell jagte er an Marina vorbei und stürzte sich auf die Echse, die blitzschnell reagierte. Wie eine Peitsche knallte ihr Schwanz durch die Luft und traf Sunnys Brustkorb. Jaulend lief der davon, und die Echse, die ihre Kehle wie einen Luftballon aufgeblasen hatte, kroch mit aufgerichtetem Stachelkamm

auf Marina zu. Entsetzt wich sie zurück und prallte gegen ihren großen Bruder David, der plötzlich hinter ihr stand.

David war mit Sunny Gassi gewesen und fragte: „Was ist denn hier los?“

„Da sitzt ein böser Drache“, erwiderte Marina zitternd.

David grinste: „Das ist doch kein Drache, Dummerchen, sondern ein ganz gewöhnlicher grüner Leguan.“

Aber das beruhigte Marina überhaupt nicht. Mit klopfendem Herzen verfolgte sie, wie David langsam auf das Ungeheuer zuging.

„Sei bloß vorsichtig“, rief ihre Mutter, die im Tierheim niemanden erreicht hatte und gerade aus der Haustür kam.

„Keine Angst, ich weiß schon, was ich tue“, entgegnete David.

Staunend beobachtete Marina, wie ihr Bruder die Echse streichelte.

„Mensch, ist der zutraulich“, sagte David. „Ich möchte nur wissen, wem er gehört.“

„Mir“, antwortete Bernd Schneider, ein Junge aus der Nachbarschaft, der jetzt mit einem großen Pappkarton in den Garten kam.

„Hallo Bernd“, begrüßte ihn David. „Ich wusste gar nicht, dass du einen grünen Leguan hast.“

„Na und. Das geht dich auch gar nichts an, Kleiner“, sagte er herablassend, obwohl er nur drei Jahre älter war als David. Er packte den Leguan, der vor Angst erstarrt war, und setzte ihn in den Karton.

„Ich würde gerne mal dein Terrarium sehen. Kann ich mitkommen?“, fragte David. Er interessierte sich schon lange für Echsen und hatte eine Menge über sie gelesen. Am liebsten hätte er auch welche gehalten. Aber das hatten ihm seine Eltern verboten. Sie meinten, das sei Tierquälerei. Exotische Lebewesen seien keine Haustiere und gehörten in ihren natürlichen Lebensraum.

„Wenn du willst“, meinte Bernd gönnerhaft und erzählte ihm auf dem Heimweg, dass Spiky von ihrer Terrasse entwischt sei, wo er ihn manchmal zum Sonnen hinbringe.

Als David in Bernds Zimmer kam und das winzige Terrarium sah, rümpfte er entsetzt die Nase. „Das ist aber ziemlich klein“, meinte er vorsichtig.

„Ach, das geht schon“, erwiderte Bernd.

„Aber der Leguan ist doch noch nicht einmal ausgewachsen. Außerdem bräuchte er etwas zum Klettern und ein Wasserbecken, damit er sich wohl fühlt“, erklärte David.

„Willst du mir etwa Vorschriften machen?“, fragte Bernd ärgerlich. „Dann hau besser ab.“

„Ist ja schon gut“, beruhigte ihn David und machte sich schweren Herzens davon. Der Leguan tat ihm Leid. Entweder hatte Bernd keine Ahnung von Echsen, oder er scherte sich einen Dreck um deren Bedürfnisse.

Einige Tage später traf David auf der Straße Bernds Schwester.

„Hallo Meike. Wie geht es Spiky?“, fragte er besorgt.

„Ich glaube, der ist krank. Jedenfalls frisst er nichts mehr“, antwortete sie.

David nickte betrübt. „So wie dein Bruder Spiky behandelt, musste das ja passieren.“

„Wie kommst du darauf? Kennst du dich etwa mit Echsen aus?“, fragte Meike.

„Ja, ich denke schon. Kann ich Spiky mal sehen? Am besten, wenn dein Bruder nicht da ist, sonst lässt er mich vielleicht nicht in sein Zimmer“, antwortete David.

„Klar, warum nicht“, sagte Meike. „Komm doch heute Nachmittag vorbei. Da ist Bernd beim Fußballtraining.“

Als David später neben Meike vor dem Terrarium stand, das ziemlich schmutzig aussah, lag der Leguan regungslos und abgemagert auf dem Boden.

„Armer Kerl“, sagte David traurig. „Wenn ihr nicht bald etwas unternehmt, wird Spiky bestimmt sterben.“

Meike sah ihn erschrocken an. „Meinst du wirklich?“, fragte sie. „Aber was soll ich denn machen? Bernd lässt sich doch von niemandem etwas sagen.“

Auf dem Heimweg kam David eine Idee, wie er dem Leguan helfen konnte. Er kratzte sein ganzes Taschengeld zusammen und ging noch einmal zu den Schneiders.

Als er an der Haustür klingelte, öffnete Bernd und fragte barsch: „Was willst du denn schon wieder? Meine Schwester hat mir gerade erzählt, dass du vorhin bei meinem Leguan warst und dumme Sprüche gemacht hast. Das kann ich gar nicht leiden. Also zieh Leine."

Doch David rührte sich nicht vom Fleck und sagte forsch: „Ich möchte dir Spiky abkaufen."

Bernd runzelte die Stirn. „Wieso? Angeblich glaubst du doch, dass er bald sterben wird."

„Ja, aber vielleicht ist er noch zu retten", erklärte David.

„Ach, das ist ja interessant", sagte Bernd und verschränkte die Arme vor der Brust. „Du kleiner Klugscheißer meinst also, du könntest besser mit Leguanen umgehen als ich?"

„Nun sei doch nicht gleich eingeschnappt", erwiderte David. „Ich weiß natürlich nicht, was ihm fehlt. Vielleicht ist er ja so krank, dass er so oder so stirbt. Aber ich würde gerne ... Ich meine ... Du gehst doch gar kein Risiko ein ... Eigentlich profitierst du nur, wenn du ihn verkaufst", stotterte er.

Bernd überlegte lange. Doch dann sagte er schließlich schroff: „Na gut. Aber ich möchte vierzig Euro für ihn."

David schluckte. „Das ist aber ziemlich viel für einen kranken Leguan."

„Das kannst du sehen, wie du willst. Entweder ich bekomme das Geld, oder aus dem Geschäft wird nichts", motzte Bernd ihn an.

„Ich habe aber nur dreißig", sagte David verzweifelt und hielt ihm das Geld hin.

„Wir sind hier doch nicht auf dem Basar. Vierzig Euro und damit basta", schnauzte Bernd.

David seufzte: „Einverstanden. Wenn ich den restlichen Betrag aufgetrieben habe, komme ich wieder."

Als er seine Mutter um zehn Euro bat und ihr erzählte, wofür er das Geld brauchte, sagte sie abwehrend: „Nein, nein, ein Leguan kommt mir nicht ins Haus."

„Aber ich will ihn doch gar nicht behalten, sondern im Tierheim abgeben", erwiderte David ärgerlich. Trotzdem brauchte er lange, bis er seine Mutter überzeugt hatte, dass zehn Euro nicht zuviel für das Leben eines Leguans waren. Dass es sogar vierzig Euro kostete, erwähnte er lieber nicht, sonst wäre seine Mutter wahrscheinlich ausgeflippt.

Bernd nickte zufrieden, als er das Geld abgezählt hatte, und gab David den Pappkarton mit dem Leguan. Spiky sah so elend aus, dass David beschloss, ihn sofort zum Tierarzt zu bringen.

Die Praxis hatte schon geschlossen, aber Dr. Stein war noch da und sofort bereit, das Tier zu untersuchen.

„Das Kerlchen ist völlig ausgedörrt“, sagte er empört. „Außerdem hat er eine Eiterbeule unter der Haut, die mit Antibiotika behandelt werden muss. Wahrscheinlich hat er auch Parasiten. Um das feststellen zu können, muss ich allerdings noch seinen Kot untersuchen. Es ist wirklich eine Schande, dass sich die Leute exotische Tiere kaufen, mit denen sie gar nicht umgehen können.“

Der Tierarzt flößte dem Leguan das Antibiotikum ein und besprach mit David die weitere Behandlung.

„Sie haben mir doch einmal erzählt, dass Sie einen Experten kennen, der zu Hause Echsen hat“, sagte David nachdenklich.

Dr. Stein nickte. „Ja, Herr Ziemann.“

„Würden Sie mir seine Adresse geben? Ich möchte ihn fragen, ob er Spiky bei sich aufnehmen könnte. Das wäre mir lieber, als ihn ins Tierheim zu bringen“, erklärte David.

„Das ist eine sehr gute Idee“, sagte der Tierarzt und nannte ihm die Straße, in der sein Bekannter wohnte.

Herr Ziemann reagierte ziemlich sauer, als er sah, in welchem Zustand Spiky war.

„Ich werde gerne alles versuchen, um ihn gesund zu pflegen. Aber versprechen kann ich dir nichts“, sagte er zu David. Dann führte er ihn in einen hellen Kellerraum mit mehreren Terrarien, in denen viele verschiedene Echsenarten lebten.

Er besaß auch ein Leguanpärchen, das gerade Nachwuchs bekommen hatte. Es wohnte in einem großen Terrarium, in dem ein Kletterbaum und ein großes Wasserbecken waren. Den Boden bedeckte ein Gemisch aus Sand und Torf, das Herr Ziemann jeden zweiten Tag auswechselte.

„Leguane brauchen eine Tagestemperatur von 25 bis 30 Grad, viel Sonne und eine hohe

Luftfeuchtigkeit“, erklärte er. „Ich füttere sie nur mit ungespritzten Salaten und Kräutern, frischem Gemüse und Früchten. Außerdem brauchen sie zusätzlich Vitamine und Mineralien, damit sie gesund bleiben.“

Herr Ziemann quartierte Spiky in einem freien Terrarium ein und sagte: „Wenn du willst, kannst du ihn jederzeit besuchen.“

Dieses Angebot nahm David sehr gerne an. Da er selbst keine Leguane haben durfte, war das für ihn eine gute Gelegenheit, sich wenigstens ab und zu mit seinen Lieblingstieren beschäftigen zu können und praktische Erfahrungen zu sammeln.

In den nächsten Wochen ging er fast täglich zu Herrn Ziemann und half ihm, die Terrarien zu reinigen und die Tiere zu versorgen. Dabei lernte er von seinem neuen Freund, der ein echter Profi war, alles über Echsen, was er bisher noch nicht gewusst hatte.

Am meisten freute sich David aber darüber, dass sich Spiky langsam erholte. Als er wieder ganz gesund war, durfte er zu der Leguanfamilie in das große Terrarium umziehen. Auch mit dem Männchen verstand sich Spiky prächtig, da sich inzwischen herausgestellt hatte, dass *Er* eigentlich eine *Sie* war.

„Du hast ihr das Leben gerettet. Darauf kannst du sehr stolz sein“, sagte Herr Ziemann.

Ja, das hat die vierzig Euro allemal gelohnt, dachte David bei sich.

Ingeborg Mucha

Kleiner Hund, großer Mut

Ronja kroch aus dem Bett.

„Ab nächster Woche haben wir Ferien und machen es uns gemütlich!“, hatte ihre Mama am Vorabend versichert. Darauf freute sich Ronja – endlich Weihnachtsferien.

Ronja tappte schlaftrunken in die Küche. Neben ihr hüpfte Benno, der kleine Bernhardinerwelpe, den Flur entlang. Er hatte sie schon ganz früh mit seiner feuchten Schnauze angestupst, mit dem Schwanz gewedelt und sie aus dem Bett geworfen.

Samstag. Es ging nichts über Samstage. Sonntags dachte man ja meistens schon an den Montag. Ronja dachte immer an den Montag. Denn montags begann die neue Schulwoche. Sie ging gerne in die Schule, doch noch lieber schlief sie aus.

Samstag schmeckte nach faul sein, ausschlafen, Hund streicheln und ausführen ...

Samstage waren einfach wunderbar, und Ronja wollte es sich gerade mit einem Nutellabrot und heißem Kakao im Bett gemütlich machen, als ihr siedend heiß einfiel, dass sie ihrer Großmutter versprochen hatte, ihr an diesem Samstag beim Aufräumen zu helfen.

Wie habe ich das nur vergessen können?, dachte Ronja erschrocken. Sie zog sich so hastig an, dass sie zweimal verkehrt herum in die Skihose stieg.

Ihre Großmutter lebte am Dorfrand, direkt an den Schneehängen der Allgäuer Berge. „Was hast du denn schon wieder an?“, empfing sie Oma Lechner, kaum dass Ronja ihr quietschendes Gartentor geöffnet hatte.

„Wie kann deine Mutter dir nur erlauben, ständig so herumzulaufen?“, nörgelte ihre Oma weiter.

Auf diese Weise wurde man von Oma Lechner meistens empfangen. Sie hielt nichts von „Guten Morgen, liebe Ronja!“, oder gar von „Das ist aber wirklich nett von dir!“, oder „Oh, was hast du für einen süßen Hund!“.

So etwas würde Oma Lechner gar nicht über die Lippen kommen. Sie hatte Benno bisher nur beschimpft. Wie konnte man nur so einen süßen Hund oder auch ein anderes Tier nicht mögen? Manchmal fragte sich Ronja, was Oma Lechner überhaupt mochte.

Das Leben muss mühsam und freudlos sein, so fasste Ronjas Mutter die Einstellung von Oma Lechner zusammen.

Früher hatten sie die Grobheiten ihrer Oma manchmal so sehr verletzt, dass ihr schon der Gedanke daran die Tränen in die Augen getrieben hatte. Als sie noch im Kindergarten war, verbrachte Ronja jeden Nachmittag bei Oma Lechner, weil ihre Mama ja arbeiten musste.

Jetzt war es besser, denn Ronja war jetzt schon groß, und wenn es ihr zu viel wurde, ging sie einfach nach Hause. Und sie war jetzt auch nicht mehr allein, denn Ronja hatte Benno, den kleinen Bernhardiner, den ihre Mutter ihr zum Geburtstag geschenkt hatte.

„Guten Morgen, Oma", antwortete Ronja Oma Lechner, während Benno schwanzwedelnd um sie herumsprang.

Ihre Großmutter rümpfte die Nase: „Ah, dieser Köter muss wohl jetzt immer dabei sein, hmm?"

Mit mürrischem Gesicht drehte Oma Lechner sich um und humpelte zu ihrem Geräteschuppen. Das Humpeln wurde von Woche zu Woche schlimmer und jetzt im Winter war es besonders schlimm. Aber Oma Lechner tat so, als ob das zum Altwerden dazugehören würde.

„Oma, du solltest zum Arzt gehen", sagte Ronja besorgt, „du läufst wie ein einbeiniger Hahn!"

„Ach was, komm du erst mal in mein Alter, dann läufst du genauso. Und wenn dein Benno hier älter wird, springt er auch nicht mehr in meinem Garten herum, wie er will!"

Ihre Großmutter beugte sich ächzend herunter und zupfte einen verdorrten Ast aus, der einsam aus dem Schnee herauslugte.

„Dieses verflixte Wetter steckt mir in den Knochen“, murmelte Oma Lechner.

Sie verzog das Gesicht, als sie sich auf der Bank niederließ und griff sich an die schmerzende Hüfte. Doch als Ronja ihr helfen wollte, schlug sie ihr die Hand weg.

Na dann fall doch auf die Nase, dachte Ronja ärgerlich.

Es war ein wunderschöner Tag. Die wenigen Wolken am Himmel trieben durchsichtig wie Schleier über das grenzenlose Blau, und der Schnee glitzerte verlockend. Das war das Schönste am Allgäu. Und hier bei ihrer Großmutter war es besonders schön. Nur ein paar Meter weiter war bereits der Skilift, und man konnte sofort zum Skifahren gehen. Im Garten und auf den angrenzenden Weiden lag der Schnee sehr hoch, und Benno hatte einen Riesenspaß an dem glitzernden Weiß.

Während Ronja ihrer Oma half, die Geräte im Schuppen zu ordnen und Tannenzweige herzurichten, um die Pflanzen damit zu bedecken,

sprang Benno ausgelassen im Garten umher.

Als Ronja aus dem Schuppen trat, sah sie nur sein Hinterteil. Der Bernhardiner hatte etwas gewittert und sich wie ein Wilder in den Schnee gegraben. Jetzt steckte schon die Hälfte des Hundes in einem Loch, dass einem Krater glich. Und das alles in Oma Lechners Garten. Oma Lechner schimpfte wie ein Rohrspatz.

Ronja verdrehte genervt die Augen. „Es ist doch gar nichts weiter passiert. Wahrscheinlich hat er nur eine Maus gerochen und deshalb ein Loch gebuddelt!“, sagte sie beschwichtigend.

Oma Lechner ließ ein verächtliches Schnauben hören. „Hundertmal habe ich dir schon gesagt, dass der Hund keine Löcher in meinen Blumenbeeten graben darf!“

Ronja ging wortlos zu Benno, und mit grimmiger Miene beugte sie sich über ihn, um ihn vom Loch wegzuzerren.

Hundertmal! Von wegen, so oft war Benno ja noch gar nicht hier gewesen. Diese Gedanken gingen Ronja durch den Kopf, während ihre Großmutter immer weiter schimpfte.

„Dieser Köter ist zu nichts zu gebrauchen“, schimpfte sie in einem fort. Oma Lechner starrte missbilligend zum Himmel hinauf, als werfe sie den Raben vor, die dort oben die Kreise zogen, dass sie fliegen konnten. „Benno ist ein Nichtsnutz, und deshalb mag ich ihn nicht“, stellte sie schließlich fest.

Zu ihrem Ärger merkte Ronja, dass ihre Finger zitterten.

„Ja, genau!“ Ronja wusste, sie sprach viel zu laut, aber sie konnte es nicht ändern. „Du magst ihn nicht, weil du überhaupt nichts magst, nicht einmal dich selbst!“

Dann sprang sie auf, würdigte ihre Oma keines Blickes und rannte zum Gartentor hinaus.

„Komm her“, rief Ronja Benno zu. Dann leinte sie ihn an und stapfte durch den Schnee davon. Ronja verfing sich in Bennos Leine. Leise fluchend wickelte sie sich das Ding von den Beinen und wollte schnellstens wegrennen. Es kam ihr wie eine Ewigkeit vor. Dann endlich ging sie los, geradewegs in Richtung Skilift, bog dann am Rand der Piste ab und lief den Hügel hinauf.

Benno tollte im Schnee umher. Immer wieder stupste er mit seiner Schnauze in das weiße Pulver hinein und wirbelte Schnee auf. Dann hüpfte er vor Ronja auf und ab, als ob er ihr sagen wollte: „He, vergiss deinen Ärger, und lass uns eine Schneeballschlacht machen.“

Ronja griff in den Schnee und formte ein paar Schneebälle, die sie dann wegwarf. Sofort sprang Benno den Bällen nach. Meistens konnte er nicht rechtzeitig bremsen, schlidderte an dem Ball vorbei und landete auf dem Bauch. Dann stand er auf, schüttelte sich kurz, nieste und sprang nach vorn, um den Ball doch noch

zu erwischen. Das Spiel mit Benno tröstete Ronja ein wenig, und kurze Zeit später lachte sie bereits über Bennos tapsige Versuche, den Schnee zu bekämpfen. Fast hatte sie den Streit mit ihrer Oma vergessen.

Unterwegs begegnete sie ein paar Skifahrern, die sie freundlich grüßten. Einer tätschelte Benno ausgiebig den Kopf: „Das ist aber ein feiner Hund. Der wird mal ein ganz Großer!"

Wie der Mann das wohl meinte, überlegte Ronja. Klar, Benno würde noch um einiges wachsen, aber vielleicht würde er ja auch mal etwas Großes vollbringen. Da würde ihre Oma aber staunen. Der Gedanke gefiel Ronja, und während sie weiter durch den Schnee wanderte, malte sie sich aus, dass Benno einmal ein berühmter Hund werden würde. Vielleicht würde er ja ein Fotomodell für Hundefutter oder so.

Ronja war so tief in ihre Gedanken versunken, dass sie zunächst gar nicht bemerkte, wie Benno immer unruhiger wurde und der Skilift seinen Betrieb einstellte. Plötzlich heulten Sirenen auf.

„Schnell, Mädchen, lauf nach Hause!“, rief ihr ein Mann zu. „Hier ist eine Lawine heruntergekommen. Das ist zu gefährlich für dich!“

Ronja bekam einen Schreck. Die größte Gefahr in den Bergen waren die Lawinen. Viele Skifahrer unterschätzten sie und gingen trotzdem auf Skitouren oder liefen abseits der Pisten. Allerdings waren sie noch nicht so weit oben am Berg.

Ronja blickte sich um. Nicht weit von ihr, etwas abseits der Markierung sah sie einen großen Haufen Schnee. Das war wohl ein Ausläufer der Lawine. Ronja wollte schon umdrehen und nach Hause zurückgehen. Aber Benno zerrte an der Leine und begann zu bellen. Sie kraulte ihm den Kopf, aber er ließ sich nicht beruhigen. Benno gebärdete sich wie wild und zog immer wieder in Richtung des riesigen Schneehaufens.

Ronja war sich nicht sicher, was sie tun sollte. Sie blickte sich um. Niemand war zu sehen. Die Angestellten des Skilifts waren damit beschäftigt, einen Suchtrupp zusammenzustellen und die Rettungsaktion der Bergwacht zu organisieren. Niemand achtete auf ein zehnjähriges Mädchen, das Ärger mit seiner Oma hatte und mit seinem halbwüchsigen Bernhardiner am Berg unterwegs war.

Benno gab nicht auf. Er zerrte und zerrte, und schließlich flutschte das Halsband über seinen Kopf. Sofort rannte er los, direkt auf den Schneeberg zu. Ronja jagte ihm hinterher. Aber so schnell wie Benno kam sie nicht durch den tiefen Schnee.

Als sie den weißen Haufen endlich erreicht hatte, wirbelte bereits Schnee auf beiden Seiten von Benno auf. Denn der Hund buddelte wie verrückt. Dann hörte Benno plötzlich auf zu graben. Er bellte laut und wedelte mit dem Schwanz. Ronja robbte an das Loch heran. Als

sie den netten Skifahrer von vorhin sah, wurde sie etwas blass um die Nase. Aber sie reagierte sofort und holte Hilfe.

Als die Bergwacht Ronja und Benno zu Oma Lechner zurückbrachte, empfing ihre Oma sie so freundlich wie noch nie. Sie schien vor Stolz ein paar Zentimeter zu wachsen, als sie mit den Männern von der Bergwacht sprach, die voll des Lobes für Ronja und Benno waren. Dann steckte Oma Lechner ihre Enkelin ins Bett und brachte ihr zum Aufwärmen einen heißen Kakao und ein Nutellabrot.

Sie kniff Ronja voller Stolz in die Wangen, kraulte Bennos Ohren und sagte: „Oh, was hast du für einen süßen, tapferen kleinen Hund."

Es war Samstagabend, und Ronja hatte es schon immer gewusst: Samstag schmeckte nach faul sein, ausschlafen, Hund streicheln und ausführen ... Samstage waren einfach wunderbar, und manchmal passierte auch etwas ganz Besonderes. Voller Stolz tätschelte sie Benno, der neben ihr lag und zufrieden schnarchend schlief.

Petra Balzer

Elinor, die Herrin der Lüfte

Der Falke erhebt sich lautlos von dem Felsvorsprung, auf dem er lange Zeit unbemerkt gehockt hat, und schießt zielstrebig auf die vorbeifliegende Taube zu. Je näher er kommt, desto schneller wird er.

Bruna beobachtet mit Bewunderung, wie geschickt der große Raubvogel die Taube fängt.

„Elinor fängt jeden Vogel, den sie will!“, sagt sie stolz zu ihrem Vater.

Ihr Vater ist Falkner, und er nickt zufrieden, obwohl diese Behauptung etwas übertrieben ist. Aber Elinor ist nunmal Brunas Lieblingsfalke, und irgendwie hat sie ja tatsächlich Recht: Elinor ist ein ganz besonders geschicktes Tier.

Jetzt kommt es mit der geschlagenen Taube zu ihnen zurück und legt seine Beute ab. Bruna streckt ihren Arm aus, damit Elinor darauf Platz nehmen kann. Stolz geht sie mit ihrem Falken über die Wiese zum Hof zurück.

Ihr Vater packt die erlegte Taube ein und folgt seiner Tochter. „Gib mir den Vogel, ich bringe Elinor in die Voliere, sonst kommst du wieder zu spät zur Schule!“, sagt er augenzwinkernd. Sie überläßt den Falken ihrem Vater und drückt ihm einen dicken Kuss auf die Wange. Dann rennt sie zum Haus, um ihre Schulsachen zu packen. Kopfrechnen und Rechtschreibung sind nicht gerade Brunas große Leidenschaft. Viel lieber wäre sie den ganzen Tag auf dem Hof, wo ihr Vater Falken großzieht und für die Jagd mit Menschen ausbildet.

Bei Elinor hat Bruna ihrem Vater zum ersten Mal bei der Aufzucht helfen dürfen. Sie ist dabei gewesen, als er Elinor mit der Pipette einen Fleischbrei eingeflößt hat, während Bernd, der Tierpfleger, die Falkenmutter ablenkte, damit sie den Falkner nicht angriff. Aber leider durfte Bruna nicht mit zum Nest, da das Füttern wirklich gefährlich ist. Ein Falke kann einen Menschen mit seinem spitzen Schnabel und seinen scharfen Krallen sehr schwer verletzen. Gott sei Dank ist bei Brunas Vater auf dem Hof noch nie so etwas Schreckliches passiert. Aber mit

Falken zu arbeiten hat immer etwas Abenteuerliches. Ein Raubvogel ist nunmal kein Wellensittich!

Am Abend sitzt die ganze Familie beim Essen zusammen. Bruna erzählt ihrer Mutter freudestrahlend von Elinors Jagd am Morgen, aber ihre Eltern sind heute abend so merkwürdig schweigsam.

Irgendetwas muss heute geschehen sein, denkt Bruna. Habe ich vielleicht etwas Falsches gesagt?

„Was habt ihr denn auf einmal?“, fragt sie ihre Eltern traurig.

Ihr Vater schluckt.

Schließlich rückt ihre Mutter mit der Sprache raus: „Wir haben ein gutes Angebot für Elinor bekommen.“

Bruna kann ihren Ohren kaum trauen!

„Ihr könnt doch Elinor nicht verkaufen!“, ruft sie entsetzt.

Da wird ihr Vater plötzlich sehr wütend. Er knüllt seine Serviette zusammen und wirft sie auf den Teller.

„Ich bin Falkner. Wir leben davon, dass wir Falken aufziehen, abrichten und verkaufen. Wenn wir jedes Tier behalten wollten, hätten wir bald kein Geld mehr!"

Bruna fängt an zu weinen. Ihre Mutter versucht, sie zu trösten. „Ein Schah aus Arabien will Elinor kaufen. Du weißt, wie sehr diese Leute Falken bewundern und verehren. Man wird dort alles für sie tun. Sie wird es dort gut haben", sagt ihre Mutter sanft.

„Ihr könnt Elinor nicht einfach verkaufen! Sie ist mein Falke!", schluchzt Bruna und springt vom Tisch auf.

Der Vater will ihr nachgehen, aber ihre Mutter hält ihn zurück.

„Lass sie. Sie muss sich erst einmal wieder beruhigen", sagt sie.

Aber Bruna beruhigt sich überhaupt nicht. In der Nacht liegt sie wach in ihrem Bett und wälzt sich hin und her. Fieberhaft überlegt sie, was sie nur tun kann, um Elinor zu behalten. Und weil ihr einfach keine Lösung einfallen will, fasst sie schließlich den Entschluss, Elinor vor ihren Eltern zu verstecken!

Mitten in der Nacht steigt sie aus dem Bett, schlüpft in ihre Jeans und zieht sich eine Jacke über. Dann tappt sie vorsichtig durch den dunklen Flur. Aus Angst, die Eltern könnten aufwachen, wagt sie kaum zu atmen.

Leise huscht sie über den Hof. Alles liegt still, der Mond scheint silbern über den Gebäuden. In die Stallungen der Falken zu schleichen, ist schwierig. Bruna hat Angst, die Tiere könnten Lärm machen. Vorsichtig pfeift sie nach Elinor. Der große Vogel keckert und fliegt schließlich heran. Ein kühler Luftstoß zerzaust Brunas Haare, als der Falke auf ihrem Arm Platz nimmt. Bruna streicht dem Tier ermunternd übers Köpfchen. Die anderen Falken werden unruhig, und in den Stallungen droht nervöses Getöse auszubrechen.

Hastig verlässt Bruna die Scheune und verriegelt die Volieren. Dann schnappt sie sich ihr Fahrrad und fährt vom Hof.

Im Wald kennt sie eine verlassene Jagdhütte, die niemand mehr benutzt. Dort will sie sich mit Elinor verstecken. Wenn sie nicht zurückkäme, würde es ihren Eltern sicher Leid tun, denkt Bruna wütend.

Der Trampelpfad im Wald ist holprig und fast völlig finster. Die dichten Bäume verdecken den Mond, und die Lampe des Fahrrades spendet so wenig Licht, dass Bruna kaum sehen kann, wohin sie fährt. Angestrengt beißt sie die Zähne zusammen und stiert auf das bisschen Weg, das vom Lichtkegel erhellt wird. Elinors Gewicht wird immer schwerer auf ihrem Arm, und es schmerzt, den Lenker des Fahrrades so ruhig wie möglich zu halten, während sie über Stock und Stein holpert und in Schlaglöcher kracht. Tränen steigen ihr in die Augen.

Bruna beginnt, sich Sorgen um ihren Greifvogel zu machen. Schließlich will sie Elinor nicht in Gefahr bringen! Vielleicht war es doch keine so gute Idee, den Falken verstecken zu wollen, denkt sie mutlos. Was soll sie nur machen?

Auf ihrem Arm wird Elinor immer gereizter durch das ungewohnte Unternehmen. Sie krallt sich schmerzhaft in Brunas Arm. Plötzlich stößt Elinor einen Schrei aus und schlägt mit den Flügeln. Bruna ist zu Tode erschrocken und verliert die Kontrolle über ihr Fahrrad. Der Raubvogel verschwindet in der Dunkelheit, und Bruna rattert durch verwildertes Geäst, bis sie stürzt und im Unterholz liegen bleibt. Sie ver-

sucht aufzustehen, aber der Fuß tut ihr so weh. Ihr Gesicht blutet, denn ein paar Zweige haben ihre Wange zerkratzt. Bruna will nicht weinen, aber sie kann die Tränen nur mit Mühe unterdrücken.

„Elinor!", ruft sie, aber der Vogel bleibt verschwunden. „Elinor!" Brunas Lockrufe und ihr Pfeifen hallen gespenstisch durch den nächtlichen Wald. Ein Käfer krabbelt Bruna über die Hand. Plötzlich fallen ihr lauter grässliche Dinge ein, die es im Wald vielleicht gibt: Spinnen, Würmer, Wildschweine ...

Bruna lauscht, aber sie kann nur das laute Klopfen ihres Herzens hören, und das beruhigt sie kein bisschen. Im Gegenteil, es klopft gleich noch schneller!

Bruna weiß nicht so recht, was sie machen soll. Ist es besser, sich still zu verhalten, um keine wilden Tiere anzulocken, oder ist es besser, weiter nach ihrem Falken zu rufen? Mit Elinor wäre sie nicht so allein ... Jetzt kann Bruna

die Tränen doch nicht mehr unterdrücken. Große Tropfen rinnen über ihr Gesicht. Wie sehr wünscht sie sich nun, ihre Eltern hätten ihr Verschwinden schon bemerkt und kämen, um sie zu holen! Aber niemand weiß, wo sie ist.

„Elinor!", ruft sie verzweifelt. „Elinor!"

Da rauscht es plötzlich in der Luft, und der Falke stürzt aus der Nacht auf sie herab. Bruna schreit auf. Wollte Elinor sie treffen?

Elinor erhebt sich wieder in die Luft und schwebt bedrohlich über Bruna. Die Augen des Vogels funkeln sie böse an, und Bruna hat zum ersten Mal ein bisschen Angst vor dem Raubvogel.

Leise und vorsichtig spricht sie auf das Tier ein, um es zu beruhigen. Dabei duckt sie sich immer tiefer ins Gestrüpp. Am liebsten würde sie sich verstecken. Würde Elinor sie wirklich angreifen?

„Bitte hilf mir, Elinor", jammert Bruna.

Dann geht alles ganz schnell! Der Raubvogel stößt einen grellen Schrei aus und stürzt sich herab ...

Im Morgengrauen kreist der Falke über dem Hof. Er landet auf dem Balkon der Eltern und krächzt.

Brunas Vater ist entsetzt. Warum ist der Vogel nicht in seinem Verschlag? Verwirrt stürzt er aus dem Bett und stolpert hinaus auf den Balkon. Vorsichtig lockt er Elinor auf seinen Arm.

„Mein Gott, was ist denn das? Blut?“, ruft Brunas Mutter aufgeregt, als sie die roten Spuren auf dem Schlafanzug ihres Mannes sieht.

„Meine Güte, Elinor hat wahrscheinlich einen Vogel gefangen, das weißt du doch!“, murmelt der Vater verständnislos. „Das ist doch ganz natürlich bei einem Raubvogel.“

Viel mehr interessiert es ihn, wie Elinor freigekommen ist. Er hatte die Volieren doch selbst verriegelt! Und warum lässt sich das Tier überhaupt nicht mehr beruhigen? So aufgeregt hat er Elinor noch nie erlebt!

Langsam geht die Sonne über dem Wald auf. Brunas Fuß tut ihr sehr weh, und ihr ist furchtbar kalt. Gerade fängt sie wieder an, leise zu weinen, da hört sie in der Ferne ein Motorengeräusch. Bruna ruft um Hilfe, so laut sie nur kann.

Sie jubelt erleichtert, als sie das Auto ihres Vaters erkennt. Langsam kommt er, von Elinor geführt, die schmale Straße herangefahren. Als er seine Tochter um Hilfe rufen hört, springt er sofort aus dem Wagen. Und wie er so im Schlafanzug mit wirrem Haar die Böschung heruntergesaust kommt, sieht das so lustig aus, dass Bruna endlich wieder lachen kann! Nein, Elinor hat sie nicht im Stich gelassen!

„Was machst du denn bloß für Sachen?“, ruft ihr Vater und trägt Bruna zum Auto. „Wenn Elinor mich nicht zu dir geführt hätte, hätte dich bestimmt so schnell niemand hier im Wald gefunden!“ Beide sind so erleichtert, dass sie lachen müssen.

Aber zu Hause gibt es ein ernstes Gespräch.

„Elinor ist ein Raubtier und muss auch als solches behandelt werden“, sagt ihr Vater, und Bruna schluckt. Würde ihr Vater Elinor nun doch an den Schah verkaufen?

„Aber ich habe mich erkundigt ... Es gibt einen Vogelpark in der Nähe, der Elinor gern haben würde. Dann könntest du sie öfter mal besuchen!“

Ute Aurin

Wie Vogel und Katze

„Marion hat einen Vogel, Marion hat einen Vogel“, lästerte Ralf.

„Halt deinen unverschämten Mund, sonst kleb ich dir eine“, schrie seine Schwester wütend und hob die Hand.

„Wieso? Ich sag doch nur die Wahrheit“, grinste ihr jüngerer Bruder frech und lief dann schnell davon.

Das stimmte, aber gerade das machte Marion ja so wütend. Sie hatte sich zwar von ihren Eltern zum Geburtstag ein Haustier gewünscht, jedoch eine junge Katze, mit der sie spielen und schmusen konnte, und keinen blöden Graupapagei, der schon zwanzig Jahre alt war.

So lange hatte Loriot bei irgendeiner Tante gelebt, die vor Kurzem in ein Altersheim gezogen war, in dem keine Tiere erlaubt waren.

Leider hatten ihre Eltern geglaubt, sie würden ihr einen Gefallen tun, wenn sie den Papagei mit nach Hause nähmen. Dabei konnte er noch nicht einmal sprechen.

Ihre Mutter hatte ihre Enttäuschung zwar bemerkt, aber nur verständnislos gesagt: „Er wird es schon noch lernen, wenn du dir Mühe gibst. Und ein sprechender Papagei ist doch viel interessanter als eine Katze."

Aber Marion hatte nicht die geringste Lust, einem Papagei das Sprechen beizubringen. Es reichte ihr schon, dass Ralf den ganzen Tag plapperte und ihr auf die Nerven ging.

Marion warf Loriot, der in einem großen Käfig im Wintergarten saß und unverständliche Laute von sich gab, einen bösen Blick zu.

„Los, sag Hallo“, verlangte sie und wiederholte immer wieder: „Hallo, Hallo ...“ Aber Loriot schwieg beharrlich.

„Dummer Vogel“, schimpfte sie.

„Marion dumm, Marion dumm“, krächzte der Vogel.

Marion zuckte zusammen. Der Papagei konnte ja doch sprechen. Das musste ihm Ralf beigebracht haben, dieser kleine Teufel.

„Halt den Schnabel!“, schrie sie aufgebracht und stürmte aus dem Zimmer.

„Marion dumm, Marion dumm ...“, rief Loriot ihr nach, als ob ihn jemand aufgezogen hätte.

Na warte, ich glaube, du brauchst eine kleine Abkühlung, dachte Marion. Sie ging zurück in den Wintergarten und öffnete die Terrassentür. Von draußen wehte ein kühler Wind herein.

„Marion dumm, Marion dumm ...“, krächzte Loriot immer leiser, dann war er still. Mit wehendem Federkleid saß er auf seiner Stange und zog fröstelnd den Kopf ein.

Zufrieden verschwand Marion auf ihr Zimmer. Kurze Zeit später hörte sie ihren Bruder brüllen: „Los, verschwinde. Willst du wohl abhauen.“

Neugierig schaute Marion nach, was da schon wieder los war. Ralf versuchte, eine schwarze Katze aus dem Wintergarten zu scheuchen. Doch die flüchtete nur verschreckt von einer Ecke in die andere und entkam schließlich ins Wohnzimmer.

Ralf folgte ihr fluchend. Als er mit dem Fuß nach der Katze trat, drohte Marion: „Lass das, sonst bekommst du es mit mir zu tun."

Sie bückte sich und lockte die Katze, die ängstlich unter dem Tisch kauerte, mit sanfter Stimme: „Komm zu mir, meine Süße. Du brauchst keine Angst zu haben."

Die Katze musterte sie misstrauisch, blieb jedoch sitzen und ließ sich von Marion streicheln. Unter ihrem weichen Fell fühlte sie sich ganz mager an.

„Warte, ich hol dir etwas zu fressen. Du hast bestimmt Hunger", sagte Marion mitleidig.

„Wenn du sie fütterst, werden wir sie gar nicht mehr los", protestierte Ralf.

„Das geht dich gar nichts an", entgegnete Marion finster und gab der ausgehungerten Katze ein Stück Wurst, das diese gierig verschlang.

„Was macht denn die Katze hier?“, fragte ihre Mutter nicht gerade begeistert, als sie nach Hause kam.

„Die ist uns zugelaufen“, erklärte Marion. „Und ich finde sie so niedlich. Darf ich sie behalten?“

„Nein, das geht nicht. Katzen und Vögel vertragen sich nicht“, brüllte Ralf sofort.

„Ja, genau wie ihr beide“, seufzte Frau Sommer verzweifelt.

„Das geht schon“, sagte Marion. „Wenn Loriot aus dem Käfig darf, sorg ich dafür, dass die Katze nicht im Zimmer ist. Ach bitte, ich will sie so gern behalten. Ich mag den Papagei sowieso nicht. Den kann Ralf haben.“

„Oh ja“, strahlte Ralf, der Loriot längst ins Herz geschlossen hatte, und erhob keine Einwände mehr.

„Und wenn die Katze irgendwo vermisst wird?“, gab ihre Mutter zu bedenken.

„Das glaube ich nicht“, antwortete Marion. „Sieh nur, wie dünn sie ist. Und sie trägt auch kein Halsband. Bestimmt hat sie jemand ausgesetzt. Das arme Ding.“

Nach längerer Diskussion gab Frau Sommer schließlich nach, und Marion nahm die Katze glücklich mit auf ihr Zimmer. Noch am selben Tag kaufte sie Katzenfutter und ein Katzenklo. Aber Mimmi, wie sie das Kätzchen nannte, zog es vor, ihre Geschäfte im Freien zu verrichten und kratzte solange an der Tür, bis sie jemand hinausließ. Dann verschwand sie oft stundenlang und kam erst wieder zurück, wenn sie hungrig war. Das passte Marion überhaupt nicht, aber Mimmi hatte ihren eigenen Kopf.

Den hatte auch Loriot. Zwar konnte er nicht überall hinfliegen, dafür sagte er jedoch, was er wollte und wann immer er Lust dazu hatte. Nur ein schwarzes Tuch über dem Käfig konnte seine Redelust stoppen. Und Ralf, der sich stundenlang mit ihm beschäftigte, lehrte ihn immer neue Wörter.

Einige Wochen ging alles gut. Die Geschwister gingen sich aus dem Weg und sorgten dafür, dass sich auch ihre Tiere nicht in die Quere kamen.

Doch dann passierte es: Wieder hatte jemand die Wintergartentür aufgelassen, und Mimmi schlich sich vorsichtig an den Käfig heran, in dem Loriot nichts ahnend auf seiner Schaukel saß. Behände kletterte sie auf den Tisch und fixierte ihn gierig. Da bemerkte Loriot sie und fing lautstark an zu schimpfen. Plötzlich machte Mimmi einen Satz und landete sehr unsanft auf dem Käfig, der wie bei einem Erdbeben heftig wackelte.

„Mimmi dumm. Mimmi dumm", zeterte der Papagei erschrocken.

Die Katze machte einen Buckel und versuchte, ihn mit der Tatze durch die Gitterstäbe hindurch zu erwischen. Da hängte sich Loriot kopfüber an eine Stange unter der Käfigdecke und hackte in Mimmis Schwanz, der über das Gitter streifte. Fauchend sprang Mimmi auf den Boden und leckte zitternd ihre Wunde. Marion und Ralf, die beide die letzte Szene beobachtet hatten, rannten in den Wintergarten.

„Mein armer Loriot", schrie Ralf und stürzte sich auf die Katze, die sich blitzschnell zwischen den Blumentöpfen versteckte.

„Lass Mimmi in Ruhe! Dein blöder Papagei hat sie schon genug gequält", tobte Marion und stieß ihren Bruder heftig zu Boden.

„He, was fällt dir ein? Pass lieber besser auf deine blöde Katze auf."

Ralf beugte sich vor und erwischte Mimmis Schwanz. Die Katze schrie kläglich auf und stieß ihm ihre Krallen in die Hand.

„Au, du verdammtes Mistvieh“, brüllte Ralf und ließ sie los.

„Das geschieht dir recht“, sagte Marion zufrieden.

„Blöde Ziege“, zischte Ralf und trat nach ihr.

„Na warte!“ Sie gab ihm eine Ohrfeige.

„Blöde Marion, blöde Marion ...“, krächzte der Papagei aufgeregt.

„Hört sofort auf!“, fuhr ihre Mutter dazwischen. Ärgerlich zerrte sie Marion von ihrem Bruder weg, der mit geballten Fäusten auf sie losgehen wollte. Wie zwei Kampfhähne standen sich die Geschwister gegenüber und beschuldigten sich gegenseitig, die Terrassentür aufgelassen zu haben.

„Ruhe! Das war ich“, rief Frau Sommer. „Wenn es draußen so heiß ist wie heute, muss der Wintergarten gelüftet werden, sonst bekommt Loriot noch einen Hitzschlag. Außerdem kann ihm Mimmi gar nichts tun, wenn er im Käfig ist. Schließlich hat er sie gebissen und nicht umgekehrt. Das wird ihr eine Lehre sein.

Also vertragt euch endlich wieder, und sorgt dafür, dass sich die Tiere aneinander gewöhnen."

In den nächsten Tagen gab es zwischen den Geschwistern immer wieder Streit. Marion beschuldigte ihren Bruder, er jage Mimmi absichtlich Angst ein, um sie für immer aus dem Haus zu vertreiben. Und Ralf warf ihr vor, sie lege es darauf an, dass Mimmi seinen Papagei zu Tode erschreckte.

Als die Geschwister am nächsten Tag aus der Schule kamen, stand nicht nur die Wintergartentür, sondern auch die Tür zum Papageienkäfig offen. Und sowohl Loriot als auch Mimmi waren verschwunden.

„Das warst du!", schrie Ralf seine Schwester aufgebracht an.

„Red nicht so einen Schwachsinn. Warum sollte ich Loriot denn freilassen?", brüllte Marion zurück.

„Damit ihn Mimmi töten kann", rief Ralf.

„Ach, und wer hat meiner Mimmi in den Schwanz gebissen? Loriot ist doch viel gefährlicher als sie", rief Marion.

Draußen bellte ein Hund, und dann hörten sie Loriot kreischen: „Hau ab, hau ab. Blödes Vieh!"

Augenblicklich ließen die Geschwister voneinander ab und rannten ins Freie. Vor der Gar-

tentür stand ein Schäferhund und kläffte Loriot und Mimmi wütend an, die rechts und links auf den Türpfosten saßen. Die Katze fauchte angriffslustig, und der Papagei bombardierte ihn mit den schlimmsten Schimpfwörtern.

„Hasso, komm sofort her!“, rief ein Mann vom Ende der Straße, und der Hund gehorchte widerwillig. Auch Loriot ließ sich brav von Ralf zurück in seinen Käfig bringen. Aber Mimmi entwischte Marion. Während sie nach ihr suchte, holte Ralf aus der Küche einen Leckerbissen für seinen Liebling. Als er damit zurück in den Wintergarten kam, sah er bestürzt, dass der Käfig schon wieder offen stand. Der Papagei saß auf der Blumenampel, die von der Decke hing, und krächzte frech: „Miau, miau!“

Und Mimmi, die auf dem Tisch darunter kauerte, funkelte ihn angriffslustig an. Dann streckte sie sich und versuchte, mit der Tatze seine Schwanzfedern zu erwischen. Aber der Papagei flatterte davon und setzte sich auf den Blumenständer.

„Ha, ha, ha“, krächzte er sichtlich vergnügt.

Mimmi sprang ihm nach, doch Loriot war schneller.

„Das gibt's doch nicht“, rief Marion ärgerlich, als sie von draußen hereinkam.

„Da kann ich aber nichts dafür. Ich habe keine Ahnung, wie Loriot aus dem Käfig entwischt ist. Jedenfalls hatte ich die Tür fest verschlossen“, versuchte Ralf, seiner Schwester die Situation zu erklären.

„Und das soll ich dir glauben?“, blaffte Marion. „Sperr ihn sofort wieder ein!“

Doch kaum saß Loriot wieder im Vogelkäfig, öffnete er mit seinem Schnabel geschickt die Käfigtür und flatterte dicht über ihre Köpfe hinweg auf eine Stuhllehne. Die Geschwister staunten nicht schlecht.

„Mimmi komm, Mimmi komm“, krächzte der Papagei.

Und als die Katze auf den Stuhl sprang, hüpfte er weiter auf eine Bodenvase.

„Ich fasse es nicht“, sagte Marion verdutzt.

„Die beiden haben gar keine Angst voreinander, sondern scheinen sich prächtig zu verstehen."

„Ja, ich glaube, die spielen Fangen", nickte Ralf.

„Es macht doch auch viel mehr Spaß, miteinander zu spielen ...", lächelte ihre Mutter, die schon eine Weile in der Tür stand.

Ingeborg Mucha

Reiten: sehr gut

Es war Sommer, die Sonne schien, und was den Tag noch schöner machte: Es gab Toastbrot und ein gekochtes Ei. Nach dem Frühstück hüpfte Ines voll guter Laune ihren Schulweg entlang. Vor dem Schulhaus traf sie ihre Freundin Lissy, mit der sie nicht nur in eine Klasse ging, sondern auch zum Reiten. Gemeinsam betraten sie die große Turnhalle, in der sie an Kästen, Barren und Ringen anstrengende Übungen machen mussten.

„Sieh nur, Lissy, da hinten steht ein Brauner, und hinter den Matten hat sich ein Rappe versteckt. Wem der wohl gehört?“, rief Ines aufgeregt. Lissy wusste es wohl auch nicht, denn sie gab Ines keine klare Antwort.

Es gongte, und alle ihre Klassenkameraden stürmten in die Halle. Hinter ihnen trat Herr Pietsch in die Halle. Herr Pietsch war Lehrer für Mathematik und Sport. Aber heute trug er einen Frack mit Hut und hatte eine Gerte in der Hand.

Ungeduldig rief er nach Ines: „Ines, wir üben heute Kunststücke und das Springen. Auf geht's!"

Ines' Herz hüpfte, und sie sah Lissy freudestrahlend an: „Endlich geht es mit den Übungen los!" Doch dann fiel ihr etwas Entscheidendes ein. Sofort verdüsterte sich ihr Gesicht.

„Aber Herr Pietsch, ich habe doch gar kein Pferd“, beklagte sich Ines.

Herr Pietsch blickte sie verwundert an. „Und was ist mit diesem wundervollen Araberhengst dort hinten? Den kannst du nehmen!“, sagte er.

Ines freute sich. Dieses Pferd hatte ihr bereits auf den ersten Blick gefallen. Sofort ging sie zu ihm und führte es in die Stallgasse. Vor den eigentlichen Reitstunden stand immer die Pflege auf dem Stundenplan.

Sie sah sich das Pferd genau an. Zuerst war die Mähne dran. Da die Mähne sehr lang war, musste sie erst verlesen werden und dann noch mit einem grobzinkigen Mähnenkamm gekämmt werden. Im Gegensatz dazu wurde der Schweif nicht gekämmt, sondern nur mit den Fingern verlesen. Ines entwirrte dabei die

Knoten und verklebten Stellen geduldig mit ihren Fingern.

Hingebungsvoll striegelte sie das Pferd. Sie nahm eine kostbare Kardätsche, streifte sie sich über die Hand und striegelte das Fell des Arabers, bis es herrlich glänzte. Danach nahm sie den Hufkratzer und begann, sorgfältig den Dreck aus den Hufen zu kratzen. Das Pferd ließ alles geduldig über sich ergehen. Danach flocht Ines die Mähne des Pferdes zu kunstvollen Zöpfen.

Die Zeit floss nur so dahin, doch das kümmerte weder Ines noch jemand anderes. Lissy sah Ines bei der Arbeit zu, und Herr Pietsch kam nur kurz vorbei, um nachzusehen, wie Ines ihre Arbeit machte. Er begutachtete alles, bewunderte die geflochtene Mähne und drehte sich auf dem Absatz um.

„Ich erwarte dich in einer Stunde! Sattel und Trense findest du in der Sattelkammer. Das goldene Zaumzeug gehört deinem Araber“, sagte Herr Pietsch und verschwand.

Ines nahm die wunderschön verzierte Decke und legte diese zuerst auf. Dabei platzierte sie die Decke weit vorn und zog sie danach etwas nach hinten, damit die Haare des Fells nicht geknickt oder verschoben wurden. Danach legte sie den prächtigen Sattel auf die Decke und zog die Decke vorne tief in die Sattelkammer hinein. Sattel und Decke waren jetzt in der richtigen Position. Zum Schluss zog Ines den Sattelgurt vorsichtig an.

Nach einer Stunde rief Herr Pietsch sie zu sich. Er überprüfte Sattel und Zaumzeug und gab Ines eine glatte Eins fürs Aufsatteln.

Die erste Unterrichtsstunde beinhaltete ‚Kunststücke beibringen'. Zirkuskunststücke machten Spaß und brachten Abwechslung für Pferd und Reiter.

Herr Pietsch rollte eine alte Kabelrolle, die mit Filz beklebt war, in die Manege. Der Araber sollte auf das Podest steigen. Ines stellte das Pferd vor die Rolle, ließ es zunächst einmal einen Huf anheben und auf die Kabeltrommel

stellen. Dann zupfte sie am Halfter und gab das Kommando „Hoch!“.

Manche Pferde brauchten etwas Zeit, den zweiten Huf hochzustellen. Aber Ines’ Pferd hatte überhaupt keine Furcht und bestand die Übung fehlerfrei.

„Und nun das Ja- und Nein-Sagen!“, befahl Herr Pietsch.

Ines hatte keine Angst. Sie würde auch diese Aufgabe schaffen. Sie nahm eine Gerte und kitzelte das Pferd damit an der Brust. Sofort machte der Araber eine nickende Bewegung, denn er glaubte, dass eine Fliege auf seiner Brust saß, und die wollte er durch diese Bewegung verscheuchen.

„Schwindelst du auch nicht?“, fragte Ines. Dabei kitzelte sie das Pferd mit der Gerte am Schopf, bis der Araber unwillig mit dem Kopf schüttelte.

Zur Belohnung holte Ines einen Leckerbissen aus ihrer Tasche und hielt ihn dem Pferd vor das Maul. Als Dankeschön machte es einen artigen Knicks.

Herr Pietsch nickte wohlwollend und schrieb etwas in sein Notizheft. Die Übung mit dem Knicks war sehr schwer, und normalerweise brauchte der Reitschüler eine Longe als Hilfe und viel Geduld. Doch der Araber war ein besonders begabtes Pferd.

Ines' Gesicht glühte vor lauter Stolz. Als ob der Hengst ihren Stolz fühlen konnte, nickte er ihr anerkennend zu. Das sah so lustig aus, dass nicht nur Ines bei diesem Anblick lachen musste, auch Herr Pietsch rang sich ein

Lächeln ab. Doch sogleich räusperte er sich und sagte streng: „Diese Stunde hast du mit Bestnote bestanden. Nun geht es ans Springen!“

Ines verlor keine Zeit, auch wenn ihr Herz pochte. Denn vor dem Springen hatte sie ein wenig Angst. Ihre Hände schwitzten vor Aufregung. Hoffentlich würde alles gut gehen.

Lissy reichte ihr die Zügel, und wie von Zauberhand saß Ines auf. Sie trabte zunächst ihre Runde. Wie in einer Manege stand Herr Pietsch, der befrackte Mathelehrer, im Rund und gab ihr Befehle. Dann ritt sie im Arbeitsgalopp. Lissy sah ihr mit leuchtenden Augen zu.

Herr Pietsch rief: „Das machst du prima. Und Mittelgalopp!“

Er betonte dabei die Silben wie ein Ringrichter im Boxring. Und bald schallte es schon aus der Mitte der Manege: „Achte genau auf die Reihenfolge!“

Ines war aufmerksam und bereitete ihr Pferd mit mehreren halben Paraden auf das Angaloppieren vor. Heute klappte alles wie im Traum. Durch die Paraden konnte der Rappe besser anspringen, und Ines schaffte es, im leichten Sitz zu galoppieren. Es war einfach wunderbar. Sie konnte sogar einen festen Knieschluss hinzaubern, die Voraussetzung für sicheres und gutes Springen. Ines flog nur so dahin und vergaß dabei Raum und Zeit. Ab und zu hörte sie Herrn Pietsch rufen. Dann kam der Befehl: „Starker Galopp!“

Der Rappe wurde schneller. Er beschleunigte von selbst. Ines hielt die Zügel straffer, drückte ihre Knie an den Körper des Pferdes. Sie spürte seine Kraft. Ines schwebte durch die Halle. Sie nahm die Lichter und die anderen Schüler kaum wahr. Verschwommen erkannte sie ihren Lehrer, der wie ein Zirkusdirektor die Peitsche schwang. Ines saß selig auf dem Rücken des Pferdes. Allmählich wurde sie etwas ruhiger, und auch der Rappe verlangsamte sein Tempo.

Voller Stolz tätschelte Ines ihr Pferd, während die Hindernisse aufgestellt wurden. Jetzt wurde es ernst. Zaghaft lächelte Ines ihrer Freundin Lissy zu, hob die Hand und machte sich für die Springprüfung bereit. Der Gong ertönte, und Ines ritt in die Bahn ein. Sie befand sich nun mitten in einem Parcours. Eine dunkle Stimme begrüßte das Publikum beim großen Preis von Aachen und stellte die junge und talentierte Reiterin Ines Wengler vor.

Beifall brandete auf. Die Glocke bimmelte und gab das Startzeichen. Ines ritt los. Der

Rappe übersprang die erste Hürde fehlerfrei. Die zweite ebenfalls. Dann sah Ines plötzlich einen Kasten vor sich. Einen großen Kasten, wie sie in der Turnhalle standen.

Oh nein, das war zu hoch. Und bevor sie einen Laut von sich geben konnte, sprang der Araber hoch, höher und noch höher. Ines rutschte auf dem Pferderücken hin und her, sie verlor das Gleichgewicht.

Plumps! Sie lag im Sand der Reitbahn.

Besser gesagt, sie lag direkt vor ihrem Bett. Sie hatte nur geträumt.

Kurze Zeit später gab ihre Mutter ihr einen Kuss auf die Wange, blickte sie freundlich an und verabschiedete Ines: „Viel Glück bei deiner Mathe-Arbeit. Keine Bange, Herr Pietsch wird euch schon nicht durchfallen lassen!“

Petra Balzer

Der geheime Affentempel

Anna lag in ihrem Bett und konnte nicht schlafen. Es war einfach zu heiß. Der Ventilator an der Decke brachte auch nur einen schwachen Luftzug zu Stande. Draußen brummte schon der Verkehr auf der Straße. Ein Motorrad knatterte, jemand hupte, und ein paar Leute stritten.

Anna lauschte. Ihre Mutter schlief noch. Sie konnte die ruhigen Atemzüge hören.

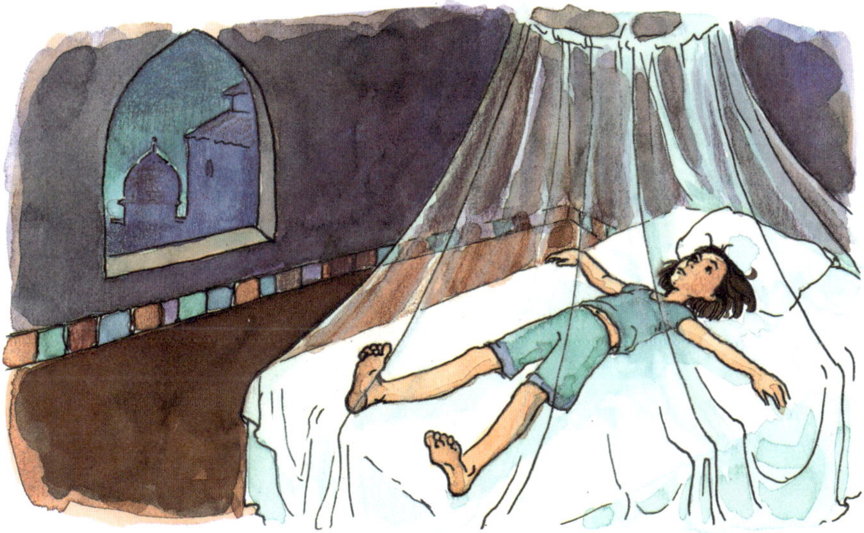

Ich hasse Indien!, dachte Anna. Als Anna mit ihren Eltern von Deutschland hierher gekommen war, fand sie alles noch furchtbar interessant und aufregend. Überall roch es nach Gewürzen, die Menschen sprachen eine lustig klingende Sprache und alles leuchtete in den buntesten Farben. Aber jetzt erschien ihr das Land fremd und voller Gefahren. Und immer, wenn sie sich für etwas interessierte, wurde es ihr mit Sicherheit von ihren Eltern verboten. Zum Beispiel, als sie auf einem Elefanten reiten wollte. Annas Vater war Arzt und arbeitete den ganzen Tag. Seit sie hier waren, hatte er kaum noch Zeit für Anna.

Sie seufzte und versuchte angestrengt, wieder einzuschlafen.

Da hörte sie plötzlich merkwürdige Geräusche, die vom Dach kamen. Es hörte sich an, als würde jemand darauf laufen. Er kam zu ihrem Fenster und blieb stehen.

Anna war vor Schreck wie erstarrt. Sie wollte nach ihrer Mutter rufen, aber ihre Zunge war wie angeklebt. Ängstlich hielt sie den Atem an und traute sich kaum, zum Fenster hinüberzusehen.

Sicher wollte sie ein Räuber überfallen und ausrauben. Oder entführen. Da, jetzt kam er flink ins Zimmer geklettert!

Aber was war denn das? Anna wollte ihren Augen kaum trauen: Ein kleines Äffchen kam durchs Fenster. Es landete lautlos auf dem Boden und sah sich neugierig um.

Vorsichtig richtete sich Anna im Bett auf, um ihn nicht zu erschrecken. Das Äffchen sah so niedlich aus! Es hüpfte auf die Kommode ihrer Mutter und schaute sich die Sachen an. Erst die Haarbürste, dann das Buch. Schließlich nahm er die goldene Uhr ihrer Mutter und sprang zufrieden zum Fenster hinaus!

„Na warte, du kleiner Dieb!“, dachte Anna wütend und kletterte nun ebenfalls aus dem Fenster.

Das Äffchen war über einige Flachdächer gelaufen und dann hinter einem Schornstein verschwunden. Anna verfolgte es. An der Ecke hörte sie eine Stimme.

„Prima, Jojo, das hast du brav gemacht!“, lobte die Stimme.

Anna lugte vorsichtig um den Mauervorsprung. Da saß ein Junge mit dem Äffchen. Die

Uhr ihrer Mutter hielt er in der Hand und betrachtete sie zufrieden.

Anna sprang mutig hinter dem Schornstein hervor, nahm den Jungen in den Schwitzkasten und rief: „Gib mir sofort die Uhr wieder, oder ich hole die Polizei!“

Der Junge war völlig verduzt. „Aua! Mensch, lass mich los!“, rief er und befreite sich aus der Umklammerung. Dann sah er Anna wütend an.

Die beiden Kinder waren im gleichen Alter. Der Junge überlegte, ob er Anna verprügeln sollte, aber das erschien ihm unhöflich einem Mädchen gegenüber. Also versuchte er es mit Erklärungen.

„Bitte, lass uns die Uhr. Wir sind Pilger und suchen den geheimen Affentempel. Ich brauche die Uhr, um die Fahrt und die Opfergaben zu bezahlen“, sagte er.

Anna fand das sehr spannend. „Was denn für ein Affentempel?“, fragte sie neugierig.

„In den Bergen gibt es einen geheimen Tempel, der den Affengöttern geweiht ist. Nur Affen

können ihn finden. Darum habe ich Jojo dabei!“, erklärte ihr der Junge und gab dem Äffchen ein Zeichen. Schon saß es auf Annas Schulter und ließ sich streicheln. Anna fand Jojo sehr niedlich.

Der Junge merkte das sofort und lachte. „Ich heiße Dilip.“

„Ich heiße Anna“, sagte Anna und fand Dilip plötzlich auch sehr nett.

„Also, dann lässt du mir die Uhr, ja?“ Der Junge versuchte, fröhlich zu klingen, aber eigentlich hatte er Angst, dass Anna doch die Polizei holen würde.

Anna überlegte. Ihre Mutter würde es niemals erlauben, dass er die Uhr behielt. Schließlich kam ihr noch ein anderer Gedanke: Wäre es nicht ungeheuer aufregend, selber auch zu diesem Affentempel zu fahren? Anna war es leid, dass ihre Eltern ihr immer alles verboten.

„Ja“, sagte sie zu Dilip, „du kannst die Uhr haben – unter einer Bedingung.“

„Was denn?“, fragte er.

„Du musst mich zu dem geheimen Affentempel mitnehmen!“, forderte Anna.

Das Gesicht des Jungen verfinsterte sich. Dazu hatte er überhaupt keine Lust! Am liebsten hätte er diesem blöden Mädchen mal die Meinung gesagt. Aber die goldene Uhr brauchte er auf jeden Fall. Er war schon so weit gewandert. Das letzte Stück musste er auch noch schaffen. „Na gut“, knirschte er.

Bei Tagesanbruch nahm Dilip Anna mit zu einem der vielen Straßenhändler. Jojo, das Äffchen, tanzte die ganze Zeit vergnügt um sie herum. Der alte Mann gab den Kindern im Tausch für die Uhr eine Girlande, auf der schöne rote Hibiscusblüten aufgereiht waren, mehrere Päckchen feiner Räucherstäbchen, zwei große Flaschen Wasser, etwas Geld und eine Menge Süßigkeiten. Dilip kaufte außerdem noch ein Brot.

An der Hauptstraße hielt der Junge ein paar Autos an. Schließlich fuhr ein kleiner Bus, in dem schon viele Leute saßen, in die richtige Richtung. Dilip gab dem Fahrer Geld, und sie setzten sich hinten in den Laderaum.

„Jetzt haben wir Zeit, etwas zu essen und ein wenig zu schlafen“, sagte Dilip und teilte das Brot auf. Dem Äffchen gab Dilip einige Süßigkeiten. Anna griff nach einem Feigenbällchen und wollte es kosten.

„Nein, nicht!“, rief Dilip da. „Die sind doch für Jojo, damit er uns zu den Affengöttern führt.

Und dort werden wir dann auch ein paar Süßigkeiten opfern. Sonst sind die Götter beleidigt!“

Anna schluckte.

„Was hast du den Göttern denn opfern wollen? Das trockene Brot?“ Dilip kicherte.

Anna hatte eigentlich gar nichts opfern wollen, auf diese Idee war sie noch gar nicht gekommen. Aber Dilip erklärte ihr, dass Affen in Indien als heilig verehrt wurden, weil man glaubte, sie hätten einem Gott bei der Befreiung seiner Frau geholfen. So galten sie nun als seine Boten und wurden ebenso reichlich beschenkt wie der Gott selber.

„Und wozu sind dann die Räucherstäbchen?“, fragte sie.

„Wir zünden sie im Tempel an, damit ihr Rauch unsere Gebete in den Himmel trägt“, erklärte Dilip.

Anna hätte trotzdem gern ein Feigenbällchen gegessen. Als Dilip einmal nicht hinsah, streckte sie ihre Finger danach aus, aber Jojo schlug nach ihrer Hand. Anna zog sie verdutzt zurück.

Nach einer beschwerlichen Fahrt war die holprige Straße schließlich zu Ende, und die Kinder mussten aussteigen. Der Wagen fuhr fort, und sie standen verlassen in der Wildnis. Jetzt wurde es Anna doch etwas unheimlich, und sie wünschte sich, ihre Mutter wäre da.

Dilip hockte sich auf den Boden und fütterte das Äffchen mit den Süßigkeiten. Jojo freute sich sichtlich und fraß alles gierig auf.

„Jojo, zeig uns den Tempel deiner Götter!", befahl Dilip schließlich feierlich, und Anna musste kichern. Das Äffchen flitzte sofort einen moderigen Trampelpfad entlang, und die Kinder mussten sich beeilen, ihm zu folgen.

Bald schon hatte Jojo den Pfad verlassen, und Dilip und Anna krochen durch wildes Gestrüpp. Er führte sie immer tiefer in den Dschungel hinein. Noch nie hatte Anna solche exotischen Bäume gesehen. Auf manchen wuchsen zudem noch prächtige Blumen, das fand sie lustig. Sie stellte sich vor, zu Hause auf den Apfelbäumen würden Tulpen wachsen!

Plötzlich fing Jojo an, laut zu kreischen und zu hüpfen. Das Äffchen sprang auf eine Lichtung und lief auf einen großen, prächtigen Tempel zu.

Der Affentempel!

Anna und Dilip fielen sich jubelnd in die Arme. Sie hatten den Tempel tatsächlich gefunden!

Sie entdeckten Jojo, der gierig an einem Brunnen trank, und schöpften ebenfalls mit den Händen Wasser.

Schließlich fiel Anna etwas ein. „Was willst du eigentlich in diesem Tempel?“, fragte sie Dilip.

Typisch Touristen, dachte Dilip, die haben von nichts eine Ahnung!

„Wer den Tempel findet, der wird damit belohnt, dass die Affengötter ihm seine Bestimmung verraten“, sagte Dilip.

Anna staunte sehr, als sie das hörte.

Dann gingen sie hinein, und der Junge betete. Die Räucherstäbchen verbreiteten herrlichen Duft.

Anna sah sich neugierig um. An einem Altar sah sie merkwürdige Affenfiguren aus Stein. Gern wäre sie umhergegangen, aber sie wollte Dilip nicht stören.

Jojo war nicht so rücksichtsvoll. Das Äffchen sprang auf dem Altar umher und naschte von den Opfergaben. Immer wieder hüpfte es übermütig auf die Steinfiguren, bis eine umkippte und Jojo auf den Fuß fiel. Der kleine Affe kreischte erschrocken auf.

Anna fing ihn schließlich wieder ein und betrachtete das verletzte Pfötchen ratlos.

„Glaubst du, dass es schlimm ist?“, fragte Dilip besorgt.

„Keine Ahnung“, entgegnete Anna. „Wir können Jojo von meinem Vater untersuchen lassen. Er ist Arzt.“

Da huschte ein Lächeln über Dilips Gesicht.

Als die beiden Kinder auf dem Rückweg wieder in einem kleinen Wagen kauerten, rief Anna plötzlich: „Mensch, Dilip! Jetzt haben wir wegen

Jojo ganz vergessen, nach deiner Bestimmung zu fragen!“

Doch der Junge grinste nur. „Ich glaube, die weiß ich auch so. Ich werde später einmal Tierarzt.“

Ute Aurin

Wo ist Mucki?

„Nimm dieses Viech da weg!", sagte Herr Lorenz, als Lara mit Mucki zum Abendbrot kam. „Wenigstens beim Essen will ich meine Ruhe vor der Meersau haben!"

Lara war empört. „Das ist kein Meerschweinchen, sondern ein Hamster!", rief sie aufgebracht.

Doch sie bereute ihren Ausbruch gleich wieder. Denn ihr Hamster Mucki war noch nicht so lange bei ihnen, und deshalb wollte Lara ihm das Eingewöhnen erleichtern. Lärm und Streitereien halfen da bestimmt nicht weiter.

Ihre Mutter mochte Mucki auch, denn sie gab ihm immer Salatblätter oder anderes Grünzeug. All die gesunden Sachen eben, die Lara nicht mochte. Nur ihr Vater war von dem Hamster nicht begeistert. Und das vom ersten Tag an. Warum hatte er ihr dann eigentlich erlaubt, einen Hamster zu kaufen?

„Ach Papa, allein in meinem Zimmer langweilt sich Mucki doch. Er sitzt bestimmt ganz still auf meinem Schoß, versprochen!" Lara blickte ihren Papa mit großen, bettelnden Augen an, doch es nützte nichts.

„Papperlapapp! Ein Hamster ist kein Mensch. Er langweilt sich nicht, und am Tisch hat er auch nichts zu suchen", sagt ihr Vater streng.

Tatsächlich saß Mucki ganz still auf Laras Schoß, eingemummelt in einen großen dicken Wollschal, und er fiepte auch nicht.

„Und, liebes Töchterlein, einen Hamster wickelt man auch nicht in einen Schal ein. Wenn so ein Tier schon hier sein muss, dann in seinem Käfig. Und zwar in deinem Zimmer!" Laras Vater wurde immer wütender.

Lara wusste, dass sie nichts machen konnte. Ihr Papa war unnachgiebig und würde darauf bestehen, dass Mucki in den Käfig kam.

„Ach, Lara, wenn wir schon dabei sind: Der Käfig müsste auch mal wieder gereinigt werden, oder rieche nur ich diesen Gestank?", fragte Laras Vater gereizt.

Jetzt war es höchste Zeit. Lara kannte das. Auf kurz oder lang würde ihr Vater alle Argumente gegen den Hamster schön nacheinander aufzählen. Und heute wäre er nicht zu bremsen, denn ihr Vater hatte heute schlechte Laune, das erkannte sie an seinem verkniffenen Gesichtsausdruck.

Von ihrer Mutter kam auch kein Beistand. Lara blickte sie Hilfe suchend an, doch Frau Lorenz schüttelte nur stumm mit dem Kopf und sah Lara traurig an.

„Dann eben nicht!“, sagte Lara böse, stapfte noch einmal mit dem Fuß auf, um ihren Ärger deutlich zu machen, und verschwand mit Mucki in ihrem Zimmer.

Als sie an den Tisch zurückkam, waren ihre Eltern schon fast fertig mit dem Abendbrot. Lara hatte noch so lange mit dem Hamster gespielt.

„Hände waschen!“, sagte ihr Vater gereizt. „Du weißt ganz genau, wenn du mit Mucki gespielt hast und zum Essen kommst ...!“

„Ja, ja!“, seufzte Lara. „Weiß ich doch.“ Und sie ging kurz ins Bad zum Händewaschen.

„Ich weiß nicht, wo ich ihn hingelegt habe. Ich habe überall gesucht“, seufzte Herr Lorenz.

Lara blickte verwundert von ihrem Vater zu ihrer Mutter: Was war denn jetzt wieder los? Mucki war im Käfig, sie hatte ihre Hände gewaschen – alles paletti, oder?

Laras Mutter seufzte ebenso, blickte Lara an und zuckte mit den Schultern: „Lara, hast du den goldenen Ring von Papa gesehen? Vielleicht im Bad auf einer Ablage oder so?“

Lara schüttelte den Kopf. Sie hatte den Ring nicht gesehen. Aber jetzt ging ihr ein Licht auf. Ihr Vater hatte den Ring verlegt und hatte deshalb so schlechte Laune. Darum nörgelte er an Mucki herum. So war es, bestimmt!

„Nein, ich habe den Ring nirgends gesehen, tut mir Leid“, bedauerte Lara.

Der Ring war zwar alt gewesen, doch Laras Mama hatte den Ehering neu polieren und eine Gravur anbringen lassen. So was mit Liebe, oder so. Und diesen neuen alten Ehering hatte sie ihrem Mann am Weihnachtstag geschenkt.

Am gleichen Tag hatte Lara ihren Hamster bekommen. Ein Ring für Herrn Lorenz und ein Hamster für Lara. Seitdem alberten ihre Eltern ständig miteinander herum. Gut, dass sie Mucki hatte, sonst wäre das nicht auszuhalten.

Als Lara mit dem Abendbrot fertig war, stand sie auf und ging in ihr Zimmer, um den Käfig sauber zu machen. Das würde ihren Papa bestimmt aufheitern. Während sie Besen, Schaufel und Abfalltüte holte, wuselten ihre Eltern in der ganzen Wohnung umher. In allen Ecken suchten sie nach dem Ring. Sie lugten sogar in die Abflussrohre des Bades – doch sie fanden den Ring nicht.

Währenddessen hockte Lara vor dem Käfig, blickte über das Häuschen und die Futterraufe und suchte Mucki. Er nuckelte weder an seiner Trinkflasche, noch zupfte er am Heu in der Raufe, sondern er hatte sich ins Häuschen verkrochen. Erst als Lara den Käfig öffnete, kam Mucki zum Vorschein. Schließlich war es Abend und die Zeit, zu der Mucki richtig lebendig wur-

de. Hamster gehörten nämlich zu den nachtaktiven Tieren. Das war ein bisschen blöd für Lara, denn sie musste ja am Abend ins Bett und hatte deshalb nicht so viel von Mucki, wie sie es gerne gehabt hätte. Denn tagsüber schlief Mucki nur. Doch jetzt flitzte er sofort im Zimmer umher.

Währenddessen begann Lara mit dem Säubern von Muckis Käfig. Zuerst warf sie die alten Essensreste wie Gurkenschalen und Gemüseabfälle weg. Dann reinigte sie den Trinkbehälter. Zuerst schüttete sie das alte Wasser weg, wischte den Behälter ab und füllte dann neues Wasser ein. Zuletzt entfernte sie die Streu aus dem Käfig und reinigte den Käfigboden. Ihr Vater hatte Recht gehabt: Es roch schon ein wenig muffig.

Nachdem sie den Boden gesäubert hatte, füllte sie neue Streu ein, damit Mucki es auch bequem hatte, setzte das Häuschen ein und befestigte den Trinkbehälter. Dann räumte sie alles weg: Schaufel, Besen und den Abfall.

Nun wollte sie mit Mucki spielen, doch Mucki war nirgends zu sehen. Oje, war er etwa aus ihrem Zimmer verschwunden und ins Wohnzimmer geflitzt?

Lara lief es heiß und kalt den Rücken runter. Bitte nicht. Wenn ihr Vater Mucki dort finden würde, würde er mit ihr schimpfen. Vor allem heute, wo er so sauer war, weil er seinen Ring verloren hatte. Sie musste Mucki schleunigst wiederfinden.

Zunächst suchte Lara den Hamster in ihrem Zimmer. Sie sah in der Kiste mit den Legosteinen nach – nichts. Dann suchte sie Mucki bei den Barbies – Fehlanzeige. Auch in ihrem Schulranzen war er nicht. Dort hatte sie ihn schon mehrmals gefunden – doch keine Spur von Mucki.

Im Badezimmer konnte sie Mucki auch nicht finden. Dort gefiel es ihm aber sowieso nicht, denn der Boden war gefliest und deshalb zu glatt für seine kleinen Hamsterpfoten. Also blieben nur noch das Wohnzimmer und das Schlafzimmer von Laras Eltern. Beides war nicht berauschend.

Aber Laras Eltern hatten zum Glück noch nichts bemerkt, denn sie waren ebenfalls mit Suchen beschäftigt und krochen auf allen Vieren im Wohnzimmer hin und her. Sogar auf das Podest im Erker krochen sie, um den Ring zu suchen.

Während Lara so ins Zimmer blickte und ihre krabbelnden Eltern vor Augen hatte, beschloss sie, zunächst im Schlafzimmer nach Mucki zu suchen. Doch weder im Bett ihrer Eltern noch im Wäschekorb konnte sie eine Spur von Mucki entdecken. Blieb also noch das Wohnzimmer, aus dem ihre Eltern gerade rückwärts herausrobbten.

Lara betrat das Zimmer. Sie blickte sich suchend um. Auf den ersten Blick war nichts zu erkennen von einem Hamster, der ausgebüxt war. Lara horchte angestrengt, aber es schien alles still zu sein. Das konnte doch nicht sein. Mucki musste hier sein. Sie kannte das. Immerhin musste sie fast jeden Abend nach dem Hamster suchen.

Sie trat zum Erker und sah hinter dem Liegestuhl und in den Pflanzentöpfen nach. Auch hier war nichts von Mucki zu sehen. Aber zu hören. Ganz leise erklang sein Fiepen. Lara spitzte ihre Ohren, um zu orten, woher das Geräusch kam. Sie bückte sich weiter nach unten. Das Geräusch war ganz nah. Sie kniete sich auf das Podest. Jetzt hörte sie das Fiepen ganz deutlich. In diesem Moment kamen ihre Eltern ins Zimmer.

„Schön, dass du uns suchen hilfst, Lara. Dieser Ring ist wie vom Erdboden verschluckt!“, sagte ihre Mutter.

„Ja, ja klar“, stotterte Lara, „vielleicht sucht ihr im ...“ Doch weiter kam sie nicht, denn ihre Eltern hockten schon neben ihr. Und sie hörten beinahe gleichzeitig das Fiepen von Mucki.

Bevor ihr Vater allerdings losschimpfen konnte, lupfte Lara ein klein wenig den Teppichboden vom Podest. Und tatsächlich: Die kleine haarige Schnauze von Mucki reckte sich ihr entgegen. Und nicht nur das! Etwas Glänzendes lag auf seiner Schnauze. Es war der Ehering von ihrem Vater!

Nachdem sie Mucki aus seinem Gefängnis befreit hatten, und Herr Lorenz sich seinen Ehering an den Finger gesteckt hatte, brachten sie alle drei Mucki in seinen Käfig. Danach beschloss Herr Lorenz, nie wieder über den Hamster zu schimpfen. Nur der Käfig sollte regelmäßig gesäubert werden, damit Mucki sich auch wirklich wohl fühlte.

Petra Balzer

Alarm auf dem Reiterhof

Es war Samstagnachmittag, und Tanja wollte sich um zwei Uhr mit ihrer Freundin Myriam zu einem Ausritt auf dem Reiterhof treffen. Ihre Araberstute Winni und Myriams Trakehnerstute Amiga waren dort untergebracht. Sie war schon spät dran. Deshalb fuhr sie heute mit dem Rad, denn der Reiterhof lag inmitten von Wiesen und Feldern weit außerhalb des Dorfes.

Als Tanja in den Stall stürmte, wartete Myriam schon ungeduldig auf sie. Bevor sie losreiten konnten, mussten sie jedoch noch ihre Pferde von der Weide holen, sie putzen und satteln. Bis zu der Koppel, auf der Winni und Amiga standen, waren es zu Fuß zwanzig Minuten.

Fröhlich liefen die Mädchen durch die Wiesen, vorbei an Kühen, Schafen und Pferden, die friedlich in der Sonne grasten. Da es in den letzten Tagen oft geregnet hatte, waren die Wege aufgeweicht und von unzähligen Hufab-

drücken übersät. Das Gras war kräftig und saftig grün. Dazwischen leuchteten Butterblumen, Löwenzahn und Gänseblümchen.

Dafür hatten die Freundinnen jedoch keinen Blick. Lebhaft unterhielten sie sich über das nächste Reitturnier und ihre Chancen, einen Pokal zu gewinnen. Deshalb merkten sie erst als sie bei der Koppel ankamen, dass das Gatter offen stand und ihre Pferde verschwunden waren.

„Das darf doch nicht wahr sein“, stammelte Tanja fassungslos.

Und Myriam rief zornig: „So eine Sauerei! Wenn ich den erwische."

Es war nicht das erste Mal, dass hier in der Gegend jemand ein Gatter geöffnet und die Pferde von der Weide gelassen hatte. Im Nachbardorf war das in diesem Monat schon zweimal passiert. Ein Pony konnte noch am selben Tag auf einer nahe gelegenen Wiese wieder eingefangen werden. Eine Fuchsstute war erst zwei Tage später in einem Steinbruch gefunden worden. Und ein Hengst hatte sich in die Stadt verirrt, wo er beinahe von einem Lastwagen überfahren worden wäre. Der Fahrer konnte gerade noch rechtzeitig bremsen, war jedoch gegen eine Straßenlaterne gefahren und hatte sich leicht verletzt. Fünf weitere, besonders wertvolle Zuchtpferde waren allerdings noch immer verschwunden.

„Wer macht nur so etwas Gemeines und warum?", fragte Myriam fassungslos.

Tanja hob ratlos die Schultern. „Mein Vater meint, damit wolle jemand den Pferdebesitzern eins auswischen. Du weißt ja, dass sich manche Leute wahnsinnig darüber aufregen, wenn auf den Wegen Pferdeäpfel liegen. Meine Mutter glaubt eher, dass der Täter ein Irrer ist, der meint, die Pferde befreien zu müssen. Es könnten aber auch Jugendliche gewesen sein, die sich nur einen Scherz erlauben wollten."

„Das wäre aber ein schlechter Scherz", regte sich Myriam auf.

Die Mädchen beschlossen, ihre Pferde sofort zu suchen. Stundenlang streiften sie kreuz und quer durch die Wiesen, doch von Winni und Amiga fehlte jede Spur.

„Ich kann nicht mehr", keuchte Tanja schließlich und blieb stehen.

Myriam ging es nicht viel besser. Ihre Füße taten furchtbar weh, und sie hatte höllisches Seitenstechen.

„Ich glaube, wir kehren besser um und holen Hilfe", meinte sie. Tanja nickte resigniert.

Als sie erschöpft auf dem Reiterhof eintrafen, wurden sie schon vermisst.

Aufgebracht erzählten die Mädchen Frau Schäfer, der Besitzerin des Reiterhofs, was geschehen war.

„Um Himmels willen. Warum seid ihr denn nicht gleich zurückgekommen, um mir Bescheid zu sagen?“, fragte Frau Schäfer vorwurfsvoll.

„Wir dachten, die Pferde wären vielleicht noch in der Nähe“, antwortete Tanja kleinlaut.

„Na gut. Ich stelle gleich einen Suchtrupp zusammen. Wenn wir Glück haben, finden wir die Pferde noch, bevor es dunkel wird. Sonst

müssen wir morgen weitersuchen. Aber vorher telefoniere ich noch mit der Polizei. Vielleicht hat sich ja dort jemand gemeldet, der die Pferde gesehen hat", beschloss Frau Schäfer kurzerhand.

Die Mädchen begleiteten sie kleinlaut ins Büro, um das Gespräch über Lautsprecher mitzuhören.

„Nein, da muss ich sie leider enttäuschen", sagte der Polizeibeamte zu Frau Schäfer und nahm eine Vermisstenanzeige auf. „Vielleicht sind die Pferde ja auch gestohlen worden", fuhr er fort. „Es gibt Hinweise, dass in unserer Gegend Pferdediebe unterwegs sind, die sich die besten Pferde aussuchen und die anderen einfach laufen lassen. Die fünf vermissten Pferde aus dem Nachbardorf gehen wahrscheinlich auch auf ihr Konto."

Tanja und Myriam erschraken. Wenn das stimmte, waren Winni und Amiga verloren. Beide stammten von preisgekrönten Zuchtstuten ab und hatten schon mehrere Auszeichnungen bekommen. Wer sie verkaufte, würde eine Menge Geld verdienen.

Frau Schäfer machte ein besorgtes Gesicht, versuchte jedoch, die Mädchen zu beruhigen. „Nun lasst doch nicht gleich die Köpfe hängen. Wir werden Winni und Amiga schon irgendwo auflesen“, sagte sie aufmunternd.

Dann schickte sie die beiden nach Hause, obwohl sie darum bettelten, sich an der Suche beteiligen zu dürfen.

Als Tanja und Myriam am nächsten Morgen auf den Reiterhof kamen, erfuhren sie, dass der Suchtrupp die Pferde nicht gefunden hatte.

„Das sieht leider nicht gut aus“, sagte Frau Schäfer bekümmert. „Offenbar sind die Pferde tatsächlich gestohlen worden. Inzwischen war auch die Polizei hier und hat das Gelände nach Spuren abgesucht. Gefunden hat sie jedoch

nichts, zumal es in der Nacht wieder stark geregnet hat. Der Kommissar meint, es könne noch lange dauern, bis ihnen die Pferdediebe ins Netz gingen. Sie bräuchten unbedingt frische Spuren und Augenzeugenberichte, um die Täter fassen zu können."

„Verdammt, so lange können wir nicht warten. Wer weiß, wo unsere Pferde sonst landen. Wir müssen unbedingt etwas unternehmen", sagte Tanja verzweifelt, als Frau Schäfer gegangen war.

„Ja, ich habe auch schon eine Idee", entgegnete Myriam nachdenklich. „Mir ist nämlich aufgefallen, dass die Pferde jedes Mal in der Nacht von Freitag auf Samstag verschwunden sind. Wenn dahinter ein Plan steckt, müssten die Diebe am nächsten Wochenende wieder auf Beutezug gehen. Wir brauchen uns also nur auf die Lauer zu legen und sie auf frischer Tat zu ertappen."

„Hmm, aber wo? Auf den Reiterhof kommen sie bestimmt nicht mehr. Frau Schäfer will die

Pferde jetzt nachts in den Stall bringen und eine Alarmanlage anschaffen“, sagte Tanja.

„Richtig. Aber da ist ja noch das Gestüt Steinmühle. Und irgendwie habe ich das Gefühl, dass die Diebe dort als Nächstes zuschlagen werden“, antwortete Myriam.

Am folgenden Freitagabend schlichen sich Tanja und Myriam heimlich von zu Hause weg und trafen sich um zehn Uhr an der Brücke, die hinter dem Dorf über den Rinn führte. Von dort war es nicht mehr weit bis zur Steinmühle, die

auf der anderen Seite des Flusses lag.

Nachdem sie die Brücke überquert hatten, schlichen sie am Ufer entlang, vorbei an der Reithalle und den Stallungen bis zu der kleinen Halbinsel, auf der die Pferde weideten. Der Gestütsverwalter hatte über alle Warnungen nur gelacht und erklärt, seine Schützlinge seien hier auch nachts sicher. Offenbar dachte er, die Diebe würden es nicht wagen, die Pferde direkt vor seinen Augen zu stehlen.

Die Mädchen sahen skeptisch zu den erleuchteten Fenstern des Wohngebäudes. Dann versteckten sie sich in einem Schuppen am Flussufer und beobachteten durch ein kleines Fenster die mondbeschienene Wiese.

Die Zeit verging unheimlich langsam. Als im Dorf die Kirchenglocke Mitternacht schlug, fielen ihnen vor Müdigkeit fast die Augen zu. Und eine gute Stunde später waren alle beide im Stroh tief und fest eingeschlafen.

Doch plötzlich war Tanja wieder hellwach. Sie hatte ein verdächtiges Geräusch gehört. Aufgeregt weckte sie Myriam und flüsterte: „Hör mal, da kommt jemand."

Wasser plätscherte, Zweige knackten und Steine kullerten platschend in den Fluss.

„Verdammt, ist das glitschig hier!", fluchte eine raue Männerstimme.

Die Pferde schnaubten und scharrten nervös mit den Hufen. Vorsichtig spähten die Mädchen durch das Fenster. Aus dem Dickicht am Flussufer krochen zwei dunkle Gestalten und schlichen zielstrebig auf einen wunderschönen schwarzen Hengst zu, der ängstlich vor ihnen zurückwich. Einer der Männer redete sanft auf ihn ein und hielt ihm etwas zu fressen hin. Das Pferd beruhigte sich und ließ sich streicheln. Es hielt auch ganz still, als ihm der andere Mann behutsam ein Halfter über den Kopf streifte.

„Die verstehen ihr Handwerk“, flüsterte Tanja fast bewundernd.

Mit angehaltenem Atem verfolgten die Mädchen, wie die Männer den Hengst auf dem gleichen Weg davonführten, auf dem sie gekommen waren. Der Rinn führte im Sommer nur wenig Wasser, sodass sie an einigen Stellen den Fluss bequem durchqueren konnten.

„Wir müssen ihnen unbedingt folgen und feststellen, wohin sie das Pferd bringen“, sagte Myriam leise.

„Ja, aber wir nehmen eine Abkürzung“, erwiderte Tanja.

Die Mädchen verließen den Schuppen und rannten so schnell sie konnten über die Brücke zurück ans andere Ufer. Dort versteckten sie sich hinter einem Busch und beobachteten den Trampelpfad, der am Rinn entlang zur Straße führte. Die Diebe mussten gleich um die Biegung kommen. Als sie sich näherten, saßen die Mädchen ganz still und warteten, bis die Männer vorüber waren. Dann folgten sie ihnen mit einigem Abstand und gingen wieder in Deckung, als die Männer in ein Wäldchen abbogen und stehen blieben. Zwischen den Bäumen parkte ein Auto mit Pferdeanhänger.

„Wir müssen näher heran, damit wir das Kennzeichen erkennen können“, sagte Tanja zu ihrer Freundin. Auf allen Vieren krochen sie durch das hohe Gras die Böschung entlang, bis sie die Abzweigung erreichten, die ins Wäldchen führte. Jetzt sprang der Motor an, und das Auto kam mit eingeschalteten Scheinwerfern direkt auf sie zu. Mit klopfendem Herzen drückten sich die Mädchen flach auf den Boden. Und als das Fahrzeug vor ihrer Nase auf die Straße einbog, reckte Tanja kurz den Kopf, um einen Blick auf das Kennzeichen zu erhaschen.

„BI-DL 448“, flüsterte sie.

Und Myriam wiederholte: „BI-DL 448. Das müssen wir uns gut merken.“

Als das Auto verschwunden war, rannten sie zurück zur Steinmühle und klingelten den Verwalter aus dem Bett. Atemlos berichteten sie ihm, was sie beobachtet hatten.

„Wir haben uns die Autonummer gemerkt. Bitte rufen Sie sofort bei der Polizei an“, drängte Tanja ihn. „Vielleicht kann sie den Wagen ja noch abfangen. Er ist in Richtung Autobahn gefahren.“

Der Verwalter fackelte nicht lange und griff sofort zum Telefon. Nach einem kurzen Gespräch zog er sich hastig an und fuhr mit den Mädchen zur Polizeiwache. Kurz nachdem sie dort eingetroffen waren, teilte ein Streifenbeamter über Funk mit, dass sein Kollege und er das Fahrzeug gestoppt und die Diebe festgenommen hätten. Das gestohlene Pferd würden sie umgehend auf das Gestüt zurückbringen. Der Verwalter bedankte sich überschwänglich bei Tanja und Myriam, die genauso erleichtert waren wie er. Aber was war aus *ihren* Pferden geworden?

Schon am nächsten Tag bekamen sie die Antwort. Der Kommissar holte die Freundinnen ab und brachte sie zu einem verlassenen Bauernhof im benachbarten Landkreis. In einem baufälligen Stall standen mehrere gestohlene Pferde, die noch nicht verkauft waren. Die Mädchen erkannten ihre Lieblinge sofort, obwohl ihre Blessen gefärbt waren. Erleichtert schlang Tanja ihre Arme um Winnis Kopf.

Und Myriam, die ihre Amiga zärtlich streichelte, strahlte: „Mensch, bin ich froh, dass wir euch wiederhaben.“

Ingeborg Mucha

Die Autoren

Ute Aurin beschloss Schriftstellerin zu werden, als sie mit 9 Jahren anfing, Geschichten über den dicken, faulen Engel Pepe zu schreiben. Es folgten Schulhefte voller Aufsätze über Dackel, Einhörner und Katzen. Mangels Gelegenheiten wurde aus dem Ziel aber erst einmal nichts. Schließlich begann sie aber doch, Artikel und ein Buch zu Gesundheitsthemen zu veröffentlichen.

Petra Balzer arbeitet seit 1999 als freie Autorin. Sie schreibt u.a. für Reiseführer, belletristische Verlage und arbeitet als Übersetzerin aus dem Spanischen. Darüber hinaus betreut sie die Weltbild Autorenschule, die nach ihrem Konzept entwickelt wurde. Die Autorin ist verheiratet und hat eine sechzehnjährige Tochter.

Ingeborg Mucha, geb. 1956, arbeitete in den Bereichen Personalwesen, Werbung, Presse- und Öffentlichkeitsarbeit. Seit der Geburt ihres Sohnes ist sie freiberuflich tätig.

Die Illustratorin

Kiki Ketcham-Neumann, geboren 1956 in San Francisco, genoss eine Kindheit ohne Fernsehen. Umgeben von Büchern, Märchen, Kunst, Musik und Naturwissenschaften entwickelte sich ihre Liebe zu Wort und Bild gleichermaßen. Nach einem Kunst-Studium an der San Francisco Academy of Art siedelte sie nach Deutschland über, wo sie seit fast 20 Jahren mit ihrem Mann und zwei Kindern lebt. Kiki Ketcham-Neumann arbeitet als freischaffende Illustratorin, Grafikerin, Kostüm-Designerin und Portraitmalerin. Außerdem befasst sie sich mit Wandmalerei. Ihre größte Liebe aber gilt der Kinderbuch-Illustration.